El Acantilado, 148
ANTENAS

ADAM ZAGAJEWSKI

ANTENAS

TRADUCCIÓN DE XAVIER FARRÉ

BARCELONA 2007 ACANTILADO

TÍTULO ORIGINAL: *Anteny*

Publicado por:
ACANTILADO
Quaderns Crema, S. A., Sociedad Unipersonal

Muntaner, 462 - 08006 Barcelona
Tel.: 934 144 906 - Fax: 934 147 107
correo@acantilado.es
www.acantilado.es

El traductor ha recibido una beca de la Comisión Europea para trabajar en este proyecto en la Casa del Traductor de Tarazona

ISBN: 978-84-96834-00-2
DEPÓSITO LEGAL: B. 25.013 - 2007

En cubierta un fragmento de una obra de Miquel Barceló

AIGUADEVIDRE *Gráfica*
NURIA SABURIT *Composición*
ROMANYÀ-VALLS *Impresión y encuadernación*

PRIMERA EDICIÓN mayo de 2007

CONTENIDO

ANTENAS

(2005)

LA PROFESORA DE DICCIÓN DEL INSTITUTO DE TEATRO SE JUBILA

Es alta, tímida y elegante
con una elegancia un tanto anticuada.

Se despide de estudiantes y profesores,
y mira alrededor con desconfianza.

Está segura que maltratarán la lengua,
sin piedad, impunemente.

Recibe el diploma (después escrutará
la expresión). Desaparece entre bastidores,

en la sombra aterciopelada de los focos,
en el silencio.

Ahora nos quedaremos solos.
Maltrataremos la lengua y los labios.

HORAS TEMPRANAS

Horas tempranas de la mañana: todavía no
escribes
(no intentas escribir), tan sólo lees indolente.
Todo está inmóvil, tranquilo, pleno, como si
fuera un regalo que nos ofrece la musa de la
lentitud,

como antaño, en la infancia, de vacaciones, cuando
se estudiaba largo tiempo el mapa de colores antes
de la excursión, un mapa que prometía tanto,

o el momento antes de dormirse, cuando todavía no
hay sueños,
pero ya se presiente su llegada desde diferentes
partes del mundo,
su marcha, peregrinación, cuando velan al lado del
lecho del enfermo
(enfermo de la realidad) y la animación entre figuras
medievales
encorvadas en una quietud eterna sobre la catedral;
horas tempranas de la mañana, silencio;

todavía no escribes,
todavía entiendes tanto.
Se aproxima la alegría.

EN UN PISO PEQUEÑO

Le pregunto a mi padre:
¿qué haces todo el día? Recordar.

Así pues, en este pequeño piso polvoriento en
Gliwice,
en un bloque bajo, construido según el modelo
soviético,
conforme a la norma de que la ciudad debe evocar
un cuartel,
y las habitaciones, ser estrechas, para frustrar
reuniones clandestinas,
allí, donde marcha sin descanso un antiguo reloj de
pared,

revive casi a diario el claro septiembre del 39, el
silbido de las bombas,
y también el Jardín de los Jesuitas en Lvov, brillando
como antes
con la luz verde de los arces, de los fresnos y los
pajarillos,
las canoas en el Dniéster, el olor de la mimbrera y de
la arena húmeda,

un día caluroso, cuando encontraste a una joven,
estudiante de derecho,

y el viaje en un vagón de mercancías, al oeste, hasta la
última frontera,
y un ramo de doscientas rosas que los estudiantes te
ofrecieron
en agradecimiento por haberlos defendido en la
primavera del 68,
y acaso también episodios de los que nunca sabré
nada,
el beso de una mujer que no llegó a ser mi madre,

el temor y la dulce grosella de tu infancia, imágenes
sacadas
de este abismo acogedor, cuando yo aún no estaba.
Tu memoria trabaja en este piso callado: trabajas,
metódico, en silencio, para resucitar por un instante
el doloroso siglo veinte.

LITURGIA ORTODOXA

Voces profundas piden tenaces compasión
y nada tienen en su defensa, excepto
su maravilloso canto, aunque no haya
nadie en la habitación y sólo gire
muy rápido, dé vueltas un disco invisible.

La voz de uno de los solistas evoca la dicción
de Joseph Brodsky al recitar sus increíbles poemas
ante un público americano que no creía
en absoluto en la posibilidad de la Ascensión,
pero parecía feliz de que otros lo creyeran.

Quizá baste (o así lo pensamos)
que alguien crea por nosotros.

Siguen cantando las voces graves.
Ten piedad de ellos.

Y también apiádate de mí,
Señor invisible.

ROMA, CIUDAD ABIERTA

Un día de marzo; los árboles aún desnudos; los
plátanos esperan
con paciencia el fervor verde de las hojas.
Santuarios llenos de polvo; el cinabrio y el ocre, el
siena y el burdeos,
extensas manchas de canela.
¿Por qué dejamos de hablar?
En el palacio Barberini un bello Narciso fija los ojos
en su propia cara,
muerta.
Ciudad de bronce que repite sin descanso: *mi
dispiace.*
Ciudad de bronce a la que vienen dioses griegos
cansados
como funcionarios de provincias.
Hoy quisiera ver tus ojos sin ira.
Ciudad de bronce creciendo en las colinas.
Los poemas son breves tragedias, transportables
como transistores.
Pablo yace en el suelo, es de noche,
antorchas y olor a brea.

En los cafés rápidas miradas, alguien grita, en la
mesa un montoncito de monedas.
¿Por qué sí? ¿Por qué no?
En el estruendo de los coches y scooters, en el
estruendo de los acontecimientos.
La poesía desaparece a menudo y sólo
quedan cerillas.
Sobre el Tíber corren niños con ridículas capas
colegiales
de principios de siglo;
al lado de cámaras y focos. Corren por una película,
no por ti.
David se avergüenza de haber
asesinado a Goliat.
Perdóname mi silencio. Perdóname tu silencio.
Una ciudad llena de estatuas; sólo
cantan las fuentes.
Se aproxima la Navidad, pronto los paganos
entrarán en las iglesias.
Via Giulia: las flores de magnolia guardan
su secreto.
Por un minuto de luz pagas casi quinientas liras que
echas
a la caja negra.

Nos encontramos en la Piazza Navona, si quieres,
claro.
Mateo sigue preguntándose: ¿fui llamado realmente
para convertirme en hombre?

LAS ANTENAS VIGILAN

Por la noche, arriba en los Alpes,
Las antenas no duermen,
Las antenas vigilan,
Dan vueltas con atención
Y murmuran:

Mesías, ven finalmente.

MAR

Espejea entre las rocas, azul marino a mediodía,
amenazante cuando lo convoca el viento del oeste
pero callado al atardecer, dispuesto a la conciliación.

Incansable en las pequeñas bahías que poseen
incontables huestes de cangrejos marchando de lado
como húmedos veteranos de las guerras púnicas.

A medianoche salen cúteres del puerto: la intensa
luz de un foco aislado rasga la oscuridad,
trepidan los motores.

En la playa cerca de Cefalù, en Sicilia, vimos
enormes cantidades de muerte, cajas, preservativos,
cartones de leche y una tabla con el nombre
    «Antonio» ya gastado.

Enamorado de la tierra, se dirige eternamente a la
    orilla
enviando una ola tras otra (y todas mueren
de agotamiento, como el mensajero griego).

Al anochecer sólo un murmullo lo recuerda,
un grave susurro de guijarros lanzados a la
gravilla
(se oye incluso en la plazoleta, en la aldea de
pescadores).

El Mar Mediterráneo, donde se bañaban los dioses,
y el frío Báltico, al que entré
temblando de frío, con doce años, una delgada
anguila.

Enamorado de la tierra, entrando en ciudades, en
Estocolmo
y en Venecia, escuchando las conversaciones y risas
de los turistas
y volviendo después a su oscura e inmóvil esencia.

Tu Atlántico, ocupado en levantar blancas dunas
y el tímido Pacífico, escondiéndose en las
profundidades.

Gaviotas de alas ligeras.
Los últimos veleros en los que se hinchan
blancas velas crucificadas.

En botes estrechos navegan atentos cazadores
y en un silencio absoluto se levanta el sol.

El gris Báltico,
el Océano Glacial, mudo,
el Mar Jónico, principio y fin del mundo.

LEYENDO A MIŁOSZ

De nuevo leo los poemas que usted dejó,
escritos por un rico que lo entendía todo,
y por un pobre a quien le quitaron la casa,
por un emigrante y un solitario.

Usted siempre quiere decir más de lo posible,
más allá de la poesía, hacia arriba, hacia las
 alturas,
y también hacia abajo, justo donde empieza
nuestra región, con humildad y timidez.

A veces usted habla con tal tono
que, de verdad, el lector cree
por un instante
que cada día es sagrado

y que la poesía, cómo expresarlo,
redondea la vida, haciéndola
plena, orgullosa, sin avergonzarse
de la fórmula perfecta.

No es hasta el atardecer,
cuando dejo el libro,
que vuelve el ruido de la ciudad:
alguien tose, llora, alguien impreca.

PASA POR ESTA CIUDAD

Pasa por esta ciudad en la hora gris cuando
la tristeza se esconde en puertas sombrías
y los niños juegan con grandes balones
que flotan como cometas
sobre los emponzoñados pozos del patio
y el último mirlo canta inseguro en voz baja.

Piensa en tu vida que todavía dura
si bien ya ha durado tanto.

¿Supiste expresar apenas una pequeña parte del
todo?

Si viste la vileza, ¿supiste nombrarla?

Si encontraste a alguien que viviera de verdad,
¿supiste reconocerlo?

¿No abusaste de la palabra elevada?

¿En quién habías de convertirte? No se sabe.

¿Por qué tú, a quien le gusta tanto callar
y sólo eres maestro del silencio,
en escuchar palabras, melodías, silencio,
empezaste a hablar? No se sabe.

¿Por qué en esta época, por qué en este país
que aún no ha nacido? No se sabe.
¿Por qué entre los refugiados en una casa
que dejaron los alemanes, entre dolor y quejas
y la vana esperanza de retorno al mito?

¿Por qué tu infancia pasó a la sombra
de las torres mineras pero no del bosque,
sobre un riachuelo donde una libélula
    inmóvil
vela por la unidad del cosmos?

—No se sabe.

Y tu amor, que perdiste y recuperaste,
y tu Dios, que no quiere ayudar
a los que lo buscan,
sólo se esconde entre los teólogos,
en las universidades.

¿Por qué precisamente esta ciudad en la hora gris
y la lengua seca y los labios entumecidos
y tantas preguntas antes de que te vayas
y vuelvas a este reino,
del que una vez vino el silencio,
el entusiasmo y el aire?

UNA VIDA NORMAL

Nuestra vida es normal,
leí en un periódico arrugado
que alguien dejó en un parque.
Nuestra vida es corriente,
leí en los filósofos.

Una vida normal, días, preocupaciones,
alguna vez un concierto, una charla,
un paseo por las afueras de la ciudad,
una buena noticia, una mala noticia;

pero las cosas y los pensamientos
estaban como inacabados,
sólo esbozados.

Las casas y los árboles
ansiaban otra cosa
y en verano los verdes prados
yacían en un planeta volcánico
como un manto en el océano.

Los cines negros ansían luz.
Febriles respiran los bosques,
las nubes cantan en voz baja,
suplica lluvia una oropéndola.
La vida normal ansía.

LA MÚSICA QUE ESCUCHÉ CONTIGO

Music I heard with you was more than music...
CONRAD AIKEN

La música que escuché contigo
se quedará con nosotros para siempre.

El serio Brahms y el elegíaco Schubert,
algunas canciones, la cuarta balada de Chopin,

algunos cuartetos de un sonido
que nos parte el corazón (Beethoven, adagios)

y la tristeza de Shostakovich,
quien no quería morir.

Los grandes coros en las pasiones de Bach
(como si alguien nos llamara

y quisiera de nosotros alegría,
pura y desinteresada,

alegría en la que la fe
es algo evidente).

Algunos fragmentos de Lutosławski,
efímeros como nuestros pensamientos.

La voz de una cantante negra de blues
nos penetraba como brillante acero,

aunque nos alcanzara en la calle,
en una ciudad sucia, polvorienta.

Las inacabables marchas de Mahler,
la trompeta abriendo la quinta sinfonía

y la primera parte de la novena
(¡tú a veces lo llamas «malheur»!).

La desesperación de Mozart en el Réquiem,
sus serenos conciertos para piano

que tarareabas mejor que yo
(pero eso lo sabemos bien).

La música que escuché contigo
callará junto con nosotros.

A LOS PIES DE LA CATEDRAL

Una vez en junio, al atardecer,
volviendo de una larga expedición
y teniendo aún fresco en la memoria
el olor de los árboles en flor de Francia,
los campos amarillos y los verdes plátanos
que corrían rápidos delante del coche,

estábamos sentados a los pies de la catedral
hablando en voz baja de la catástrofe,
de lo que vendría, del terror inevitable,
y alguien dijo: esto es lo mejor
que podemos hacer ahora,
hablar de la oscuridad en esta sombra tan clara.

AMISTADES IMPOSIBLES

Por ejemplo, con alguien que ya no está
y que tan sólo dejó cartas amarillentas.

O largos paseos al lado de un arroyo
donde en el fondo yacen enterradas

tazas de porcelana; y charlas sobre filosofía
con un estudiante tímido o con el cartero.

Un desconocido de mirada noble,
alguien que nunca encontrarás.

Una amistad con este mundo, cada vez más
    perfecto
(si no fuera por el olor salado de la sangre).

Este anciano que bebe café
en St. Lazare, y te recuerda a alguien.

Caras que titilaron por un segundo
en un tren suburbano, por la ventana:

alegres caras de viajeros que van tal vez
a un espléndido baile, o a la ejecución.

Y la amistad consigo mismo
(al fin y al cabo no sabes quién eres).

UNA GOTA DE LLUVIA

En una gota de lluvia, que se ha detenido
en mi ventana y no tiene prisa alguna,
aparece una imagen ovalada, brillante,
y veo de nuevo a nuestra señora Cholga
que en la cocina engorda una oca monumental.
Unos carros con carbón, negros e infernales,
rodando en el adoquinado de madera
preguntaban ¿queréis vivir?
Sí, realmente queríamos vivir
después de la gran guerra de la muerte.
Una plancha caliente alisaba el pasado,
al alba unos mirlos alemanes
cantaban poemas de Georg Trakl,
y nosotros queríamos vivir y soñar.

MARIPOSAS

Es una tarde de diciembre, pronto llegará el fin de siglo,
tranquilo y oscuro.
Sin prisa leo poemas de amigos, observo los lomos de los libros
en los estantes, las fotografías.
¿Dónde está C.? ¿Dónde desaparecieron el pugnaz K. y el risueño T.?
¿Dónde se metieron B. y N.?
Unos ya no viven desde hace miles de años, otros, debutantes, apenas
desde hace algunos meses.
¿Están juntos? ¿En el desierto donde se levanta el amanecer carmesí?
No sabemos dónde viven ahora.
¿Cerca de un río de montaña, sobre el que se divierten las mariposas?
¿En un pueblo con fragancia a reseda?
Die Toten reiten schnell, repetía de buen grado S.,
quien tampoco está.

Van sobre pequeños caballos, en el silencio de la
estepa, bajo una redonda
nube amarilla.
Tal vez roban carbón en una pequeña estación de
Asia y funden la nieve
en una cazuela tiznada,
como aquellos a los que transportaron en vagones de
mercancías.
(¿Hay también allí campos de concentración
y alambre de púas?)
¿Juegan a las damas? ¿Escuchan música? ¿Ven a
Cristo?
Dictan poemas a los poetas que viven.
Pintan bisontes en las paredes de una cueva,
empiezan a alzar
la catedral de Beauvais.
¿Entendieron ya la esencia del mal que nosotros no
sabemos percibir
y perdonaron a sus perseguidores?
Se hunden en un glaciar alpino, mullido por los
calores de agosto.
¿Lloran? ¿Se arrepienten?
¿Pasan horas al teléfono? ¿Callan? ¿Están aquí,
entre nosotros?

¿En ningún sitio?
Leo poemas, escucho el enorme murmullo
de la noche y de la sangre.

EN UNA CIUDAD AJENA

Un leve olor, casi irreal,
del Mediterráneo, multitudes
en las calles a medianoche
(empieza un festival
del que no sabemos nada).
Un gato escuálido pasea
bajo nuestras rodillas.
Los gitanos cenan como
si cantaran; blancos
edificios sobre ellos,
una lengua desconocida.
Felicidad.

CAMOGLI

Viejas casas altas sobre la playa
y un gato soñoliento espera a los pescadores
con redes blancas y enrolladas.
Silencioso noviembre en Camogli:
los jubilados toman el sol en tumbonas,
el sol da vueltas perezoso
y los guijarros ruedan lentamente
por la grava de la playa,
pero él, el mar, viene sin cesar a la orilla,
una ola tras otra, como con curiosidad
por lo que pasó con los planes del verano
y con nuestro sueño,
y en que se convirtió nuestra juventud.

BOGLIASCO: PLAZOLETA DE LA IGLESIA

El fotógrafo revela los carretes,
el sacristán observa
los muros y los árboles
con mucha atención,
los chicos juegan al fútbol,
la tintorería lava la conciencia
de esta tranquila ciudad, tres
damas mayores debaten el fin del mundo;
pero por la tarde vuelve
el tumulto del mar
y este estrépito
empuja al olvido
el día pasado.

STAGLIENO

No te demores en este cementerio
donde aún cumple penitencia el siglo diecinueve
polvoriento, privado de encanto; te recibirán
médicos con levitas yesosas
abrochadas hasta el cuello, con corbatas pétreas,
pétreos abogados de pétrea sonrisa, un poco
triste (la hipocresía sobrevivió a sí misma).
Te recibirán padres de familia, profesores
y niños, niños marmóreos y perros de yeso,
siempre obedientes, sin reproche.
Verás el pasado, encontrarás
a tus hermanos mayores, verás
Pompeya anegada en
la lava gris del tiempo.

UN CHICO DE DOS CABEZAS

Un chico de quince años tenía un gato
en la abertura de la cazadora azul.
El gato giraba su cabecita
y sus grandes ojos lo observaban
todo, con mucha más atención
que los ojos humanos.

Comparo la mirada perezosa de este chico
en este tren cálido y seguro
con las estrechas y atentas pupilas del gato.

Ante mí tenía un chico de dos cabezas,
la inquietud del animal lo hacía más rico.

JEDWABNE (SEDERO)

Prendas y medias de seda,
vestidos de seda de antiguas damas,
pero esta palabra desde ahora
va a sonar distinta,
nos detendremos
ante esta palabra,
esta palabra
nos detendrá[1].

[1] Jedwabne es el nombre de un pueblo al noreste de Polonia, donde el 10 de julio de 1941 se perpetró el mayor pogromo en contra de los habitantes judíos con la intervención de los propios polacos. Asimismo, la palabra *jedwabny, -a, -e*; es un adjetivo en polaco que significa «de seda, sedero, sedoso». (N. del T.)

NUESTRO MUNDO

In memoriam W. G. Sebald

Nunca coincidimos, sólo conocía
sus libros y extrañas fotografías, como
halladas en un anticuario y los destinos
humanos como hallados en un anticuario,
y una voz tranquila que explicaba,
una mirada que había visto tanto,
una mirada vuelta hacia atrás,
que no evitaba el terror
ni la admiración;
                    y nuestro mundo en su prosa,
nuestro mundo tan tranquilo, pero
lleno de crímenes del todo olvidados,
incluso en las bellas ciudades
a la orilla del mar o del océano,
nuestro mundo lleno de iglesias vacías,
cortado por vías de tren, por cicatrices
de antiguas trincheras, por autopistas,
cortado por la incertidumbre, nuestro ciego mundo
más pequeño ahora sin ti.

PEQUEÑOS OBJETOS

Mis contemporáneos aman los objetos pequeños,
secas estrellamares que olvidaron el mar,
relojes tristes, parados, postales
enviadas desde ciudades que ya no existen
con una letra ilegible,
donde sólo se adivinan las palabras
añoro, o *enfermo*, o *fin*.
Admiran los volcanes extinguidos.
No quieren resplandor.

EN DEFENSA DE LA POESÍA, ETC.

Sí, en defensa de la poesía y del estilo elevado, etc.,
pero también una tarde estival en un pueblo,
cuando huelen los jardines y los gatos están quietos
delante de las casas, como filósofos chinos.

TEMA: BRODSKY

Por favor, apunten: nacido en mayo,
en una húmeda ciudad (de ahí el tema: agua),
sitiada poco después por un ejército
cuyos oficiales llevaban en la mochila
poemas de Hölderlin mas, por desgracia, sin
tiempo para leer. Excesivo trabajo en el terreno.

El tono, sardónico; la desesperanza, real.
Siempre de viaje, de México a Venecia,
era querido, era un orador que sin descanso
hacía campaña por su partido poco útil
(su nombre: Poesía versus Infinito,
o PVI, si alguien prefiere siglas).

En todas las ciudades y puertos tenía
a sus agentes; a veces cantaba poemas
ante una conmovida multitud que nada
entendía; después, cansado, fumaba un Gauloises
en el muelle de cemento, y las gaviotas viraban
en lo alto como en el Báltico, en casa.

Una enorme inteligencia. Tema favorito: el tiempo
versus el pensamiento que persigue fantasmas;
María Estuardo, Dédalo, Tiberio reviven en él.
La poesía debía ser como una carrera de caballos:
los caballos son salvajes; los jinetes, de mármol;
la meta, invisible, desaparece en las nubes.

Por favor, recuerden: ironía y dolor;
el dolor vivía en el corazón ya hacía tiempo
y crecía sin descanso; sí, como
si cada elegía por él escrita
lo amara con egoísmo y deseara
convertirlo en su protagonista;

pero, por favor, señores (un poco de paciencia,
ya terminamos), en realidad no sé
cómo mostrar eso: aquella casi ternura,
y la sonrisa, tímida apenas,
un momento de duda, el afecto,
una pequeña pausa en la argumentación.

AUTORRETRATO, NO EXENTO DE DUDAS

A mediodía te colma el entusiasmo,
por la tarde te falta valor
para mirar la hoja escrita.
Siempre demasiado o demasiado poco,
como en esos escritores
que más de una vez te irritan:
unos tan modestos, minimalistas
y poco instruidos
que dan ganas de gritar:
¡eh!, ¡amigo!, coraje,
la vida es bella,
el mundo, rico e histórico.
Otros, vanidosos, dándose importancia
con una increíble erudición:
señores míos, también vais a morir,
les dices (en pensamientos).
El territorio de la verdad
es claramente pequeño, estrecho
como una senda en un precipicio.

¿Puedes sostenerte
en ella?
Tal vez ya la has abandonado.
¿Oyes la risa
o la trompeta del Apocalipsis?
Tal vez una y otra,
la disonancia, un extraño chirrido:
el cuchillo que se desliza
por el vidrio y silba con alegría.

CONVERSACIÓN

Conversaciones con amigos, a veces
sobre nada, sobre películas o televisión,
o conversaciones más serias, realmente serias,
sobre las torturas, el sufrimiento, el hambre,
pero también sobre fáciles aventuras eróticas,
«qué dijo ella y qué pensó él entonces».

Tal vez sea que hablamos demasiado,
como esos turistas franceses que oí
en la abrupta falda de la montaña sagrada en Grecia,
desconsiderados en el laberinto délfico
(con sus reproches mordaces sobre la cena en el
hotel).
No sabemos, no podemos saber

si nos salvaremos,
si nuestras almas microscópicas
que no hicieron nada malo
y tampoco hicieron nada bueno
contestan a una pregunta en una lengua ignota.
Si nos basta la iluminación de la poesía,

la exaltación en el staccato de la música antigua,
la vista de un río y del aire que entra
tranquilo en la torre cálida de agosto,
y la nostalgia por el mar, siempre nuevo, fresco.
¿Son los minutos de júbilo y la sensación
que le acompaña de que súbitamente vuelve algo
sin lo que no es posible vivir (aunque sea posible)
los que equilibrarán los años de vacío y de rabia,
los meses de olvido, de impaciencia?
No sabemos, no podemos saber
si nos salvaremos
cuando se termine el tiempo.

EL VIEJO MARX

Ya no se puede concentrar.
Londres es húmedo,
en cada habitación alguien tose.
Nunca le gustó el invierno.
Copia antiguos manuscritos
muchas veces, sin pasión.
El papel es amarillo
y quebradizo como la tuberculosis.

¿Por qué la vida aspira
tan tenaz a la destrucción?
Pero en el sueño vuelve la primavera
y la nieve que no habla en ninguna
lengua conocida.
¿Y dónde se puede colocar
el amor en su sistema?
Donde están las flores azules.

Odia a los anarquistas,
los idealistas le aburren.
Recibe informes de Rusia,

por desgracia demasiado detallados.
Los franceses se enriquecen.
En Polonia hay silencio, vulgaridad.
América no para de crecer.
Hay sangre en todas partes,
quizás cambie el papel de la pared.
Empieza a sospechar
que la pobre humanidad
continuará caminando
por la vieja tierra
como la loca del pueblo
que amenaza con el puño
a un Dios invisible.

DEDICADO A LA SOMBRA DE ALEKSANDER WAT

Lo recibieron en grandes espacios (que resultaron ser una callejuela de Wołomin, una callejuela alargada que había mejorado considerablemente), al principio recibió un regalo que tenía forma de pleno entusiasmo y de caos en la música de Schumann (era el primer movimiento de la primera sonata para violín y piano, interpretada por dos querubines insoportables, aunque llenos de talento, todo hay que decirlo).

Después, un docto rabino analizó la diferencia entre la muerte sedera y la muerte pétrea, mientras el famoso teólogo P. dio una ponencia demasiado larga: «El Antiguo, el Nuevo, y el Ulterior Testamento en la obra de postguerra de Aleksander Wat».

«El dolor como experiencia basculante», como también: «La orgánica capacidad de síntesis de las cosas que se parecen» eran los títulos de otras intervenciones que se escucharon ya con menos atención, porque justo después iba a seguir la eternidad, y una orquesta de gitanos morenos con fraques ajustados tocó sin fin, sin aliento.

LA NOCHE ES UNA CISTERNA

La noche es una cisterna. Cantan las lechuzas.
A rastras los refugiados
van por senderos en el bramido y el murmullo de una desdicha eterna.
Quién eres tú, que vas perdido en la trémula multitud.
Y quién serás, en quién te convertirás,
cuando vuelva el día y un saludo normal perfile los límites íntimos.

La noche es una cisterna. Bailan las últimas parejas en la fiesta.
Del mar se oyen gritos de altas olas y el viento mece un pino.
Al este una mano dibuja la primera línea del alba.
Palidecen las lámparas, se ahoga el motor de un coche.
Ante nosotros la senda de la vida y breves momentos de astronomía.

TORMENTA

La tormenta tenía dorados cabellos manchados
de negrura y gemía monótona como una mujer
vulgar
que da a luz a un futuro soldado, quizás a un tirano.

Las inmensas nubes, buques de varios pisos,
nos rodeaban, y los hilos escarlata de los relámpagos
se movían rápidos y nerviosos.

La autopista se transformó en el Mar Rojo.
Íbamos por la tormenta como por un abrupto valle.
Tú conducías; te miraba con amor.

STARY SĄCZ AL ATARDECER

Sobre la plaza se pone el sol y en las hojas de las ortigas se refleja
la imperfección del pueblo. Silban las teteras en las casas
como si partieran muchos trenes a la vez.
Arden hogueras en los prados y sus largos suspiros
vagan sobre los árboles como cometas perdidos.
Los últimos peregrinos vuelven de la iglesia con paso inseguro.
Los televisores se despiertan del sueño y enseguida lo saben todo,
como los demonios de Alejandría con atezadas caras de peristas.
Caen cuchillos en el pan, en el embutido, en la madera, en la víctima.
Oscurece el cielo en el que antiguamente se escondían los ángeles
y ahora sólo el oficial de policía y su moto, que en paz descanse.
Llueve y se oscurece aún más el adoquinado.
Entre las piedras se abren pequeños abismos.

BLAKE

Veo a William Blake, cada día
hallaba a ángeles en las copas de los árboles
y encontraba a Dios Padre en las escaleras
de una humilde casa; y la luz en un sucio callejón.

A Blake, que murió
cantando alegremente
en el bullicioso Londres, ciudad
de prostitutas, almirantes y milagros,

al William Blake grabador que trabajaba duro
y vivió en la pobreza, no en la desesperanza,
y siguió recibiendo señales ardientes
del océano y del cielo estrellado,

y no perdió la esperanza porque la esperanza
nacía siempre de nuevo como el respiro; veo
a los que como él pasaron por una calle grisácea
en dirección a la orquídea rosada del alba.

NOTAS DE UNA EXCURSIÓN A UNAS FAMOSAS EXCAVACIONES

De pronto estás en una ciudad ya desaparecida.
De repente te encuentras en una vasta ciudad
que ya no existe.
Maúllan tres gatos macilentos.
Ves carteles electorales en las paredes
y sabes que las elecciones ya se celebraron,
ganó el vacío y ahora reina
junto al sol perezoso.

Los turistas deambulan por calles desaparecidas,
como los Padres de la Iglesia, por desgracia
aquejados de una profunda acedia.
Las paredes de los baños están del todo secas.
En la cocina no hay especias,
en el dormitorio no hay sueño.
Entramos en las casas, en los jardines,
pero nadie nos sale al encuentro.

Parece que estemos en el desierto,
ante la crueldad seca de la arena,

igual que en otros sitios
que también desaparecieron,
como tu ciudad de nacimiento
que no conociste y ya no conocerás.
Incluso los campos de la muerte están muertos.
Se fueron algunos amigos.

Se fueron los días pasados,
se escondieron bajo una tienda turca,
inmóviles, en un museo desaparecido.
Pero entonces, cuando ya no hay nada
y sólo los labios se mueven tímidos
como la boca de un joven monje
de pronto solpa el viento, un viento del mar,
que lleva una promesa de frescor.

Se entreabre un portillo del muro
y ves la vida más fuerte que la nada;
al principio no das crédito a lo que ves:
los jardineros con paciencia cultivan
de rodillas la negra tierra y alegres sirvientes
acarrean inmensas pilas de fragantes manzanas.
Traquetean carros de madera en las gruesas piedras,
el agua fluye por un estrecho cauce,

el vino vuelve a las jarras
y el amor vuelve a estos predios
donde ya vivió antes
y en silencio recupera un poder
real absoluto
sobre el mundo y sobre mí.
Mira, la llama renace de las cenizas.
Sí, distingo una cara conocida.

ZURBARÁN

Zurbarán pintó
santos españoles
y naturalezas muertas,
los alternaba,
y por eso los objetos
que yacen en las pesadas mesas
de sus naturalezas muertas
son, también, santos.

NOTO

Noto, una ciudad que sería perfecta
si supiésemos creer con más ardor.

Noto, una ciudad barroca donde hasta
los establos y las glorietas son barrocos.

Por desgracia, la cúpula de la catedral
se derrumbó y las grúas la rodean

como los médicos de un hospital
junto al lecho del enfermo.

Por la tarde los jóvenes del lugar
se congregan en la calle Mayor

y silban de aburrimiento
como un tordo en cautividad.

Esta ciudad es demasiado perfecta
para sus habitantes.

EN TREN POR EL HUDSON RIVER

¡Río resplandeciente al sol!

¿Cómo puedes soportar esta vista?:
vagones bajos de hierro, como
aplastados, y en las ventanitas
caras aburridas, ojos mates

Resplandeciente río, ¡rebélate!

¿Cómo puedes soportar la piel de
    las naranjas,
las latas de coca-cola y las manchas
de negra nieve que
antaño fue inmaculada?

¡Rebélate, río!

Y yo también en la penumbra dormito
sobre un libro de la biblioteca,
que alguien antes que yo

ha garabateado con un lápiz,
y estoy vivo sólo a medias.

¡Rebélate, hermoso río!

GRIEGOS

Quisiera haber sido contemporáneo de los griegos,
hablar con los discípulos de Sófocles,
sentir la gravedad de los misterios secretos,

pero cuando nací vivía y gobernaba
aún el georgiano picado de viruelas
y sus lúgubres policías y teorías.

Fueron años de luto y de memoria,
años de charlas sobrias y de silencio,
había muy poca alegría,

tan sólo algunos pájaros lo ignoraban,
y algunos niños, los árboles.
Por ejemplo, el manzano de nuestra calle

alegremente brotaba en abril
con blancas flores y estallaba
en una risa extática.

GRANDES NAVES

Éste es un poema sobre grandes naves que
circunnavegaron
los océanos
Y a veces gritaban con voz grave, quejándose a la
niebla
y a las rocas submarinas,
Pero, en general, cortaban en silencio las páginas de
los mares
tropicales,
Separados en pisos, categorías y clases como nuestras
sociedades
y hoteles.
Bajo cubierta pobres emigrantes jugaban a cartas y
nadie
ganaba
Y en la cubierta superior Claudel miraba a Ysé cuyos
cabellos
se iluminaban.

Y se hacían brindis por un viaje seguro, por los tiempos
venideros,

Se hacían brindis con champán de los mejores
viñedos de Francia y
con vino de Alsacia;
Había días inmóviles, sin viento, sólo era infalible la luz
que se filtraba,
Días donde nada había excepto el horizonte, que
viajaba junto
con el transatlántico,
Días de vacío y aburrimiento, de hacer solitarios y
repetir
noticias
Con quién vieron a uno a la sombra de una noche
tropical, abrazándose
bajo la luna amelocotonada.
Pero los entiznados fogoneros sin descanso echaban
carbón a las grandes
bocas ardientes
Y todo lo que ahora existe ya existía entonces, sólo
que mucho más conciso.
Nuestros días ya existían y en un retumbante horno
se cocieron
nuestros corazones,
Y el momento cuando te encontré quizá también ya
existía,

y mi falta de fe
Frágil como un cuenco de loza, y mi fe, no menos
delicada
y caprichosa,
Y mi búsqueda de la solución definitiva, y mis
decepciones y descubrimientos.

Grandes naves: algunas se hundieron violentamente,
despertando
la conciencia y la angustia,
Alcanzando fama inmortal, transformándose en
estrellas
de suplementos especiales.
Otros se fueron tranquilamente, se apagaron sin
decir palabra en puertos
de provincias, en los muelles,
Bajo el manto del óxido, bajo el rojizo pelaje del
óxido,
bajo la funda del óxido, y siguen esperando
Al último cambio, al juicio final de las almas y
las cosas,
Esperan con tanta paciencia como jugadores de
ajedrez en el Jardín de Luxemburgo,
desplazando las piezas un centímetro, o dos.

ERINA DE TELOS

Murió con diecinueve años.
No sabemos si fue bella y coqueta,
o si recordaba aquellas muchachas
con gafas, secas, inteligentes,
ante las que se esconden los espejos.
Sólo dejó unos cuantos hexámetros.
Presumimos que tuvo la ambición
secreta y vacilante de los introvertidos.
Sus padres la amaron con locura.
Suponemos que quiso expresar
la inmensa verdad de la vida (despiadada
en los bordes y dulce en el centro),
de las noches de agosto, cuando respira
y brilla el mar, cantando como un estornino,
y del amor (inefable, cercano). No
sabemos si lloró al topar con la oscuridad.
Dejó apenas unos cuantos hexámetros
y un epigrama sobre un saltamontes.

SOBRE LOS REINOS

I like to dream of those dead kingdoms

SU TUNG P'O

Me gusta soñar con aquellos reinos
donde el bronce brilla y canta
y en las colinas arden fuegos verticales
en los que habita un amor ajeno.
Al final de la tarde, en noviembre,
voy en un tren de cercanías,
vuelvo de un largo paseo;
Junto a mí, cansados funcionarios
y una viejecita melancólica
abrazando un teckel.
El revisor, por desgracia, es
un chamán muy torpe.
La vida va a zancadas sobre nosotros
como Gulliver, y ríe fuerte y llora.

SIRACUSA

Ciudad del nombre más bello, Siracusa;
no dejes que olvide el sombreado mundo antiguo
de tus callejuelas, ni tus balcones hinchados
que fueron jaulas de damas españolas,
ni tampoco cómo el mar golpea los muros de
Ortigia.

Platón sufrió aquí una derrota, apenas salió con
vida,
¿qué diremos de nosotros, ficticios turistas?
Tu catedral creció sobre un templo griego
y sigue creciendo, pero muy lentamente,
como los pesados ruegos de los pobres y las viudas.

A medianoche las barcas de pesca, iluminadas
con una intensa luz, reivindican una oración
por los desaparecidos y solitarios, por ti,
ciudad abandonada en las lindes del continente,
y por nosotros, presos en el viaje.

DESCRIPCIÓN DE CUADROS

Por lo general percibimos sólo algunos detalles:
uvas del siglo diecisiete
siempre frescas y relucientes,
y quizás un bello tenedor de marfil
o la madera de la cruz y gotas de sangre,
y mucho sufrimiento, ya seco.
Cruje el brillante parquet.
Estamos en una ciudad extranjera
(casi siempre en una ciudad extranjera).
En algún sitio está el vigilante, y bosteza.
Tras la ventana se mece la rama de un fresno.
La descripción de cuadros inmóviles
es en grado extremo apasionante.
Se les dedican doctos tratados.
Pero nosotros estamos vivos,
repletos de memoria y de razón,
de amor y a veces de desconsuelo,
y por momentos sentimos un particular orgullo,
porque el futuro grita en nosotros,
y este balbuceo nos hace humanos.

INTENTA CELEBRAR EL MUNDO MUTILADO

Intenta celebrar el mundo mutilado.
Recuerda los largos días de junio
y las fresas silvestres, las gotas de vino *rosé.*
Las ortigas, que con esmero cubrían
las fincas abandonadas de los exiliados.
Tienes que celebrar el mundo mutilado.
Mirabas los yates y los barcos lujosos;
uno de ellos tenía un largo viaje por hacer,
a otros les aguardaba sólo un vacío salado.
Viste a refugiados con rumbo a ninguna parte,
oíste a verdugos que cantaban con gozo.
Deberías celebrar el mundo mutilado.
Recuerda los momentos cuando estabais juntos
en una habitación blanca y se movió la cortina.
Vuelve en pensamientos al concierto, al estallar la
    música.
En otoño cogías bellotas en el parque y las hojas
se arremolinaban en las cicatrices de la tierra.
Celebra el mundo mutilado,
y la pluma gris que un tordo ha perdido,

y la luz delicada que yerra y desaparece
y regresa.

CIUDAD SUMERGIDA

Ya no existirá esta ciudad, ni el halo
de albores primaverales, cuando las verdes colinas
tiemblen en la niebla y se eleven como
globos cautivos,

y mayo ya no pasará por las calles
con chillidos de pájaros y la promesa del verano.
No habrá entrecortados hechizos
ni el frío éxtasis del agua manantial.

Los campanarios descansan en el fondo del
océano
y la impecable vista de las arboladas avenidas
no llama la atención de nadie.

Y con todo, seguimos viviendo, tranquilamente,
con humildad, con las maletas siempre a punto,
en salas de espera, en aviones, en trenes,

y a ciegas buscamos tenaces la imagen
y forma definitiva de las cosas,

entre inexplicables arrebatos
de muda desesperación,

como si tuviésemos un vago recuerdo
de algo que no podemos recordar,
como si esta ciudad sumergida viajara con nosotros
persistiendo en sus preguntas,

nunca satisfecha con las respuestas,
exigente, perfecta a su manera.

EPITALAMIO

Sin silencio no habría música.
La vida entre dos es tal vez más difícil
que la existencia solitaria; así, un velero
en pleamar y las velas tendidas
es más indomable que ese mismo barco
dormitando en el puerto, pero es para el viento,
para moverse, que se construyen goletas,
y no para la pereza y el silencio indiferente.

Un diálogo de muchos años contiene
horas de aversión, angustia, incluso odio,
pero también ternura y un acuerdo profundo.
Sólo en el matrimonio el amor y el tiempo,
eternos enemigos, pueden volverse aliados.
Sólo el amor y el tiempo, si se reconcilian,
consienten que veamos al otro
en su secreta, complicada esencia,
que crece lenta y segura, cual una nueva
ciudad en una llanura o entre verdes colinas.

Empieza con un único día, con el júbilo

y el juramento, con la gloria del día de reunión
que es como un grano húmedo; después
vienen años de pruebas, de trabajo,
a veces de desesperanza, de una súbita iluminación,
de felicidad, y finalmente crece sobre nosotros
un gran árbol de exuberante verdor con una
inmensa
sombra. Donde desaparecen las aflicciones.

PUERTA

A Barbara Toruńczyk

¿Amas la palabra igual que un tímido mago ama un
momento de silencio,
después de la actuación, cuando está solo en el
camerino donde
una vela amarilla arde con una gruesa y ennegrecida
llama?

¿Qué añoranza te permite empujar la pesada puerta
para que de nuevo
notes el olor de este árbol y el sabor del agua
oxidada de un pozo arcaico,
y ver otra vez la alta higuera, orgullosa matrona que
en otoño
nos ofrecía, aristocrática, sus frutos de forma
perfecta,
para después, en silencio, sumirse en un estudio de
las desdichas invernales?

A su vera humeaba indiferente la chimenea de la
fábrica y callaba la fea ciudad,

pero en los jardines bajo los ladrillos profunda
trabajaba la incansable tierra,
negra memoria nuestra y vasta despensa de los
muertos, la buena tierra.

¿Cuánto valor se necesita para empujar la pesada
puerta,
cuánto valor para veros otra vez a todos
reunidos en una habitación bajo una lámpara
gótica?
Mamá lee distraída un periódico, una palomilla
golpea el vidrio,
nada ocurre, nada, apenas anochece, una
oración; esperamos...

Sólo hemos vivido una vez.

NOCHEVIEJA 2004

Estás en casa y escuchas largo tiempo
grabaciones de Billie Holiday
que canta melancólica, soñolienta.
Cuentas las horas que aún
te separan de la medianoche.
¿Por qué los muertos cantan tranquilamente
y los vivos no pueden liberarse del temor?

ALMA

Ya no se nos permite usar tu nombre.
Ya sabemos que eres inefable,
anémica, muy quebradiza y sospechosa
de las misteriosas culpas de la infancia.
Sabemos que ya no se te permite vivir
ni en la música, ni en los árboles al apagarse el sol.
Sabemos (más bien nos han dicho)
que ya no estás en ningún sitio, en absoluto.
Pero, con todo, oímos tu voz cansada
en el eco, en la queja y en las cartas que nos
escribe, desde el desierto griego, Antígona.

NO HUBO INFANCIA

¿Y cómo fue su infancia?—pregunta
finalmente el periodista, ya aburrido.
No hubo infancia, sólo negros cuervos
y tranvías ávidos de electricidad,
pesadas casullas de gordos curas,
maestros con cara de latón.
No hubo infancia, sólo espera.
Las hojas de los arces brillaban
en la noche, como el fósforo, la lluvia
humedecía los labios de los cantantes.

LA MÚSICA QUE ESCUCHÉ

La música que escuché contigo
era más que música, y la sangre
fluyendo por nuestras arterias
era mucho más que sangre,
pero la alegría que sentimos
era una auténtica alegría,
y si puedo agradecérselo
a alguien, se lo agradezco ahora,
antes de que sea demasiado tarde,
y demasiado silencioso.

EQUILIBRIO

Observaba desde arriba el ártico paisaje
y pensaba en la nada, en la dulce nada.
Vi los blancos toldos de las nubes, terrenos
infinitos donde buscar en vano huellas de
lobo.

Pensé en ti y también en que el vacío
sólo puede prometer una cosa: la plenitud;
y en que un tipo de desierto blanco-nieve
estalla por un exceso de felicidad.

Ya a punto de aterrizar apareció una tierra
indefensa entre las nubes, jardines ridículos
que sus propietarios olvidaron, una hierba
pálida que afligían el viento y el invierno.

Dejé el libro y por un momento sentí
un perfecto equilibrio entre lo real y el sueño.
Pero cuando el avión tocó el cemento
y viró diligente por el laberinto del aeropuerto

de nuevo dejé de saber nada. Volvió la
oscuridad
del deambular cotidiano, la dulce oscuridad del día,
la oscuridad de esta voz que cuenta y mide,
recuerda y olvida.

EUROPA EN INVIERNO

Para Anders Bodegård

Cuando la nieve gris cubra tus tesoros,
cuando tus enormes catedrales, donde
se encuentran cinco viejas, desaparezcan
en la niebla, y los aviones volando a ras de
los árboles se quejen como remolcadores,
con el bajo grave de un emigrante ruso,
cuando la festiva multitud, abandonada
a una sola pasión, la pasión del oro amarillo,
salga a los anchos y húmedos bulevares,
y los museos cierren por huelga,

y el bajo cielo, como la colgadura desteñida
de un pintor, cubra este insólito lugar
donde vivieron tus santos y tus artistas
inspirados, y tus locos y tus monjes; entonces
veré un río contra la corriente, hacia el norte,
y álamos sin alas; gritarán los vendedores
de castañas y los vendedores de blancos
    periódicos
me ofrecerán en silencio su épica plana,

probaré a entrar en tu calle, probaré a entrar
en los bajos patios de tus antiguas alquerías,

entrar en el subterráneo de tu metro,
donde Perséfone murió de añoranza, y en los
barrios pobres, donde la virtud y el delito
pasean solemnes como Laurel y Hardy,
probaré a hallar las señas de la tortura y el éxtasis,
los últimos jirones de tu vocación,
a encontrar este noble canto que escapa
de unas manos infantiles hacia arriba,
como un globo, probaré a encontrar tu amor,
una fracción de tu fe.

VENTISCA

Llevábamos tiempo escuchando música,
algo de Bach, algo del triste Schubert.
Por un momento escuchamos el silencio.
En la calle enfurecía la ventisca,
el viento apretaba contra los muros
su lívida cara.
Los difuntos se perseguían en trineos
y tiraban bolas de nieve
a nuestras ventanas.

EL VIEJO MARX (2)

Intento imaginarme su último invierno,
Londres húmedo y frío, el beso impasible de la nieve
en las calles vacías, el agua negra del Támesis,
las heladas prostitutas con hogueras en el parque.
De noche, enormes locomotoras lloraban en algún sitio.
Los trabajadores en el *pub* hablaban tan rápido
que no podía entenderlos de ninguna manera.
En un principio, Europa era más rica, tranquila,
aunque los belgas seguían martirizando al Congo.
Pero ¿y Rusia? ¿Su despotismo? ¿Siberia?

Por la tarde miraba largamente la contraventana.
No podía concentrarse, copiaba antiguos trabajos;
pasaba el día leyendo al joven Marx
y en secreto admiraba a ese autor ambicioso.
Seguía creyendo en su fantástica visión,
pero durante algunos breves instantes
sospechaba haber propuesto al mundo
tan sólo una nueva forma de la desesperanza;
entonces cerraba los ojos y sólo veía
la oscuridad escarlata de sus propios párpados.

DELFINES

Se pone el sol y los curiosos pelícanos vuelan sobre
la tersa piel
del mar;
miras a un pescador que mata a un pez capturado,
convencido
con firmeza de su humanidad,
mientras las nubes rosadas empiezan su lenta
y seria
marcha hacia las colinas de la noche;
te quedas aquí un momento, confiando en que verás
los delfines
(quizás volverán a bailar su famoso,
simpático tango)
aquí, en el Golfo de México, donde en la ancha
playa encuentras
huellas de neumáticos y conchas,
y enérgicos cangrejos que salen de la arena como
una multitud de trabajadores
saliendo de una fábrica subterránea.
También ves torres de carga abandonadas, llenas de
herrumbre.

Vas por un arrecife empedrado saludando a algunos
pescadores con caña,
gente modesta que no pesca como un deporte sino
tan sólo
para aplazar la última cena.
Por el canal portuario navega un enorme barco
color rojo ladrillo
de Monrovia,
como un extrañísimo animal inexistente que
presume de su
peculiaridad
y por un instante oculta el horizonte.
Piensas entonces: está bien encontrar lugares
desiertos,
provincianos,
que recuerdan muchas cosas, pero que son discretos
en extremo,
alrededores tranquilos y humildes, aunque ricos en
los escondrijos, y los bolsillos
de la memoria como una chaqueta de
caza en otoño,
la periferia de una ciudad animada, un desierto
donde nada ocurre,
no hay actores famosos,

nunca aparece ni un político ni un periodista,
pero a veces en el vacío nace de repente la poesía,
y empiezas a entender que fue justo aquí donde se
detuvo tu
infancia,
aquí, lejos de tus bien conocidas calles de siempre;
al fin y al cabo lo que no existe no mide la distancia
en kilómetros ni en años luz,
sólo espera tranquilo tu retorno, sin duda con
curiosidad por saber
en quién te has convertido. Te saluda
sin entusiasmo y dice:
¿No me reconoces? Soy uno de los sellos de tu
antigua
colección,
soy aquel sello donde viste por primera vez
un delfín sobre un fondo de niebla azul, irreal. Soy
el sello del viaje.
Inmóvil.

ALGUIEN AFINABA EL ÓRGANO

En una iglesia vacía alguien afinaba el órgano.
En una nave gótica resonaba una cascada.
Las voces de los torturados y la risa de los alumnos
se mezclaban con mi aliento vertical.

En la catedral vacía alguien afinaba el órgano
y se divertía con la salvaje anarquía de los tubos,
demolía casas, arrojaba rayos, después construía
una ciudad, un estadio, un aeropuerto, una
autopista.

¡Si consiguiera ver al organista!
¡Si yo pudiera distinguir su cara, sus ojos!
Si pudiera seguir los movimientos de sus manos
quizás entendería hacia dónde nos lleva,
a nosotros y a aquellos que protegemos,
los niños, los animales, las sombras.

CASCOS DE BOMBEROS

Miro los brillantes cascos de los bomberos
en los que se reflejan las nubes
y un planeador microscópico.
Ya va a empezar el incendio,
tal vez dentro de una hora.

Belleza y horror siempre juntos:
igual que entonces, cuando supe
de la muerte de Marek y vagué
por el frío París del que
lentamente huía el verano.

AL ATARDECER CANTA UN PÁJARO

Sobre una gran ciudad, sumida en la penumbra,
que respira lenta como si ya durmiera,
tú, que cantaste para Homero
y para Cromwell y también quizás
sobre la ceniza gris de Juana,
de nuevo inicias tu dulce lamento,
tu apacible treno; nadie te escucha,
sólo en las hojas negras de los sáucos
donde se esconden invisibles artistas,
se agitó, algo envidioso, un ruiseñor.
Nadie te escucha, esta ciudad está de luto
de sus grandes, espléndidos días,
cuando ella misma sabía quejarse
con una verdadera voz humana.

ESPERA UN DÍA OTOÑAL

(según Ekelöf)

Espera un día otoñal, el sol
ya un poco cansado, el polvo en el aire,
el tiempo de un día pálido.

Espera las ásperas hojas marrones del arce,
marcadas como las manos de un viejo,
las castañas y las bellotas,

el atardecer, cuando te sientas con el cuaderno
en el jardín y el humo de la hoguera tiene
un embriagante sabor a una sabiduría inalcanzable.

Espera las tardes más breves que el aliento de un
atleta,
el armisticio entre las nubes,
el silencio de los árboles,

el momento cuando alcances una paz absoluta
y aceptes la idea de que cuanto perdiste
lo perdiste para siempre.

Espera el instante en que ni tal vez podrás
añorar a aquellos que amaste
y que ya no están.

Espera un día claro y alto,
la hora sin duda ni dolor.

Espera un día otoñal.

KATHLEEN FERRIER (1912-1953)

Es sólo una voz.
Es sólo una voz de la que no sabemos
si sigue perteneciendo al cuerpo,
o quizás ya al aire.

La voz de una mujer joven, que va
a Carlisle con un Morris usado.

Piensa: tantas otras voces
en la época breve de su vida.
El grito histérico de Goebbels.
Y los sollozos de los heridos,
los susurros de los encarcelados.

Un recital de poemas en un aula escolar
(poemas alabando al tirano).
Tanta mentira en nuestras gargantas.

Murió de cáncer,
no de hambre como Simone Weil,

y no, como Mandelshtam,
en un campo de concentración.

Nunca fue al conservatorio
pero la música más pura
habla en ella.

Le gustaban los *lieder* de Schubert y Mahler,
Bruno Walter le dio consejos.

La voz de una mujer joven
que con candor cantaba las arias de Händel.

Escuchándola piensas:
apareció
la posibilidad de una humanidad mejor,

pero cuando termina el disco
vuelves a tu habitual desconfianza,

como si el canto prometiera demasiado,
más que el silencio, más que el cansancio.

LA VIDA NO ES SUEÑO

Al principio, heladas noches y odio.
Soldados del Ejército Rojo ametrallaban
el cielo para alcanzar al Ser Superior.
Mamá lloraba, recordando quizás
lecturas sentimentales de su juventud.
La calle del Agua fría corría al lado del río
como si lo quisiera atrapar
(o volver a sus lejanas fuentes,
a buen seguro todavía puras,
recordando la alegría del amanecer).

Si la vida es sueño
quizás el fénix exista de verdad.
Pero en Cracovia la vida renació
bajo el signo de palomas comunes:
en Planty, al lado de los veteranos de guerra,
vestidos con jirones de uniformes
de al menos tres ejércitos diferentes,
aparecieron jóvenes bellezas
y el plátano-melómano ante la Filarmónica
tomó unas hojas de domingo, frescas.

¿Hay que rendir culto a los dioses locales?
Una mendiga en el mercado de Lucca
(fue aquel julio cuando murió Herbert)
iba de parada en parada
cobrando el tributo, orgullosa como Diana.
Pero allí, donde nosotros vivimos,
es más difícil ver alguna ninfa
y el gran Señor no dejó su tarjeta.
Sólo en los árboles y en los muros de las iglesias
se grabaron importantes recuerdos
(austeros monumentos del monoteísmo).

Probamos el coraje, porque no había salida.
Probamos ardides, pero no salió bien.
Probamos la paciencia, pero nos dormimos.
Escribimos poemas como folletos, y folletos
como fragmentos de un poema floreciente.
Los sueños crecían como flores de hibisco.
Por la noche se abrían pozos oscuros.
Probamos el cinismo, a algunos les fue bien.
Había mucha alegría, no podemos olvidarlo
Probamos el tiempo: no tenía sabor, como el
agua.

Por fin, mucho después, no se sabe
por qué, los relojes empezaron a girar
sobre nosotros cada vez más rápido,
como en una película de archivo, muda.
Y duraba la vida, la ineludible vida,
tan experimentada y escéptica,
volviendo a nosotros tan obstinada
que un día sentimos en los labios
el sabor de una derrota, de una tragedia habitual,
lo que ya fue un cierto tipo de victoria.

DEPENDE DE QUIÉN

You must be somewhere, right?

NICK FLYNN

En la playa de Galveston saltan unos pajarillos
(sandpipers).
«La plupart des hommes meurent de chagrin», dice
Buffon
(hallado en el primer volumen de los diarios de
Claudel).
R. considera que los poetas americanos son poco
inteligentes.
—Pero la nobleza existe, aunque sea pintada: la cara
de Cristo en un cuadro de Caravaggio en S. Luigi
dei Francesi
(no podía desprenderme de esa cara, no quería irme).
Depende de quién, contesto; defiendo a los poetas
americanos.
Es verano, un ocaso sin fin y después estrellas como
lampiones.
Hablamos de la vacuidad en la nueva poesía francesa.
¡Pero la palabra *rien* es tan bonita! Mejor que
nada.

Parece que incluso el océano está feliz al mediodía.
Arden los bosques: la resina experimenta un
instante extático.
Comemos helados en la terraza de un bar. *Yesterday*
en los altavoces.
Notas de la guerra civil: ¿tregua o armisticio?
Multitudes en las calles por la tarde, una feliz
agitación.
Me abro paso entre los atestados pasillos de
espectadores y pregunto:
¿qué ocurre? Dios vuelve. Pero fue sólo un sueño.

SOL DE AMÉRICA

(según Eichendorff, según Krynicki)

Detrás de la ventana, el cegador sol de América.
En una habitación oscura, junto a la mesa,
hay un hombre mayor sentado,
y reflexiona sobre lo que ha perdido
y lo que conservó.

Yo soy ese hombre.
Adivino lo que me tocará
perder en el futuro.
Todavía no sé qué voy a encontrar.

ANTENAS EN LA LLUVIA

He visto el mar y los naranjos.

La primera nieve. Señoras y señores, un poco de silencio.

Llegó una noticia: Bach se despertó de nuevo y canta.

El tiempo mantuvo su palabra (siempre la mantiene).

Leyendo a Miłosz junto a la ventana abierta. De repente, silbidos de golondrinas.

Capillas bajo los tilos; aquí rezan las abejas.

Carpe diem. Atrapa el día, pero cuando por la tarde miró a su presa, vio la noche.

—¿Tanto le gustan las bibliotecas?

Zanahoria, cebolla, ciruelas pasas, almendras, azúcar en polvo, cuatro manzanas grandes, preferiblemente verdes (notas de amor que me dejas).

En el Panteón romano: al cielo raso.

No exageremos. ¡Renunciar a la liturgia ortodoxa porque le falta sentido del humor!

Un hospital: enfermos pálidos con batas y a su lado el sonriente cirujano, bronceado.

¿Por qué siempre escribe sobre las ciudades?

Si supiéramos leer poemas con la misma atención con que estudiamos el menú en un restaurante de lujo...

Periagoge: el concepto platónico de transformación interior.

La convexa plaza de la Bastilla; quizás debajo se esconde otra Bastilla.

Peonías como muchachos en la iglesia.

«How can I miss you if you never go away» (canción country).

Tipos de melancolía; el profesor enumeró seis.

Un autobús con un cartel: «Aire acondicionado». Excursiones: Wieliczka, Auschwitz.

Los sin techo, abrazados a los radiadores en la estación, en diciembre.

Un cuadro de Vermeer con una mujer sentada tranquilamente en el umbral de la casa haciendo punto; detrás de ella oscuros interiores, ante ella la calle y la luz.

Irreconciliable.

El sol me hace daño, dice un chico en el parque.

B., con reproche: ¡oiga, yo viví allí y nunca diría que hubo demasiado Lvov!

Todo renace. La inspiración se apaga y renace. Deseo. Comedia y tragedia; Simone Weil sólo ve tragedia.

Rojas amapolas y negra nieve.

La sonrisa de esta mujer mayor que lee un libro en el tren a Varsovia.

—¡Ah!, ¿usted es ese especialista del estilo elevado?

Delfos, lleno de turistas, abierto a los secretos.

El mar estaba bravo a medianoche; furioso, a decir verdad.

En el museo del Holocausto en Washington: mi infancia, mis vagones, mi herrumbre.

Una tarde de mayo: antenas en la lluvia.

Pasaban por la calle de los Canónigos gritando: «¡joder, joder!».

Delfines cerca del Freeport: su preferido, eterno movimiento; cual un símbolo que los doctos designan como yambo.

El cine era tan pequeño que la película de Bergman apenas cabía.

Una huida de prisión en prisión.

Un instante de silencio en la estación de metro de Berlín después del aviso «zurückbleiben». Se oye la nada.

Los vencejos en Cracovia, entusiasmados con el verano, silban con fuerza.

Un verbo cansado vuelve por la noche al diccionario.

Mamá siempre miraba la última página de la novela, para saber cómo terminaba...

La verdad es católica; la búsqueda de la verdad, protestante (W. H. Auden).

Algunos expertos prevén que al final del siglo xxi la gente dejará de morir.

Abre.

Pagar el teléfono y el gas, devolver los libros, escribir a Clara.

En el avión, después de cenar: dos corpulentos teólogos comparan sus futuras pensiones de jubilado.

La calle Victoria, en Gliwic conduciría al paraíso, pero, por desgracia, se acababa demasiado pronto.

¿Llegarán alguna vez las escaleras mecánicas allí donde nos llevan?

Desde un rápido tren vimos campos y prados: del bosque, como de un sueño, salían corzos.

El mármol no habla con la arcilla. Por ahora.

En la zapatería de la rue du Commerce, la dependienta, vietnamita, dice arrodillándose delante de ti: yo soy de la *boat people*.

Puse la radio en onda corta: alguien lloraba en Bolivia.

La faz de Cristo en S. Luigi dei Francesi.

Una cosa es segura: el mundo está vivo y arde.

En la sucia sala de espera leía a Hölderlin.

La *boat people* es la única nación libre de nacionalismo.

El frescor de una mañana primaveral que no se puede describir.

Cortado con cuchillo.

«También aquí hay dioses».

Se abren las frutas.

Le pregunto a mi padre: ¿qué haces todo el día? Recuerdo.

En Grecia en la autopista una camioneta de reparto con el rótulo «Metáfora».

En la superficie reluciente del mar un kayac casi inmóvil: la aguja de una brújula.

¿Recuerdas a aquel fantástico violonchelista con chaqueta de bufón?

Luz de una inmensa refinería por la noche; una ciudad en la que nadie vive.

¿Por qué estos momentos duran tan poco? No hay que hablar así, hay que hablar desde el interior de estos momentos.

El amor hacia los objetos cotidianos, sin correspondencia.

Unos remeros en un río verde persiguen el tiempo.

La poesía es la alegría bajo la que se esconde la desesperación. Y bajo la desesperación de nuevo está la alegría.

Hay que hablar desde el interior.

No se trata de la poesía.

No hables, escucha.

No escuches.

de REGRESO

(2003)

DE CAMINO

1. Sin equipaje

Viajar sin equipaje, dormir en el tren
en un duro banco de madera,
olvidar el país natal,
emerger de pequeñas estaciones al alba,
cuando se levanta el cielo gris
y los cúteres se hacen a la mar.

2. En Bélgica

En Bélgica había una ligera llovizna
y el río serpenteaba entre colinas.
Pensé: soy tan imperfecto.
Había árboles en los prados
como curas con verdes sotanas.
Octubre se escondió en la maleza.
No, señora, dije, este vagón
es para no conversadores.

3. Un azor se cierne sobre la autopista

Quedará decepcionado, si cae
sobre la plancha, sobre la gasolina,

sobre la cinta de música barata,
sobre nuestros estrechos corazones.

4. Mont-Blanc

Brilla de lejos, blanco y con cautela,
como una lámpara para las sombras.

5. Segesta

En el prado, un templo enorme,
un animal salvaje
abierto al cielo.

6. Verano

Fue un enorme verano, victorioso,
y nuestros pequeños autos parecían perdidos
en la carretera que llevaba a Verdún.

7. La estación de Bytom

En un túnel subterráneo
crecen colillas
y no margaritas.
Aquí hiede la soledad.

8. Jubilados de excursión
Aprenden a andar
por la tierra.

9. Gaviotas
La eternidad no viaja,
la eternidad espera.
En el puerto pesquero
sólo charlan las gaviotas.

10. Teatro en Taormina
Desde el teatro de Taormina se ve
la nieve en la cima del Etna
y el reluciente mar.
¿Quién es mejor actor?

11. Gata negra
La gata negra sale a saludarnos
como si dijera: miradme a mí,
y no a la venerable iglesia románica.
Yo estoy viva.

12. Iglesia románica

En el fondo del valle descansa
la iglesia románica:
en esta tinaja hay vino.

13. Luz

Luz en las paredes de casas viejas,
en junio.
Caminante, abre los ojos.

14. Al amanecer

La materialidad del mundo al amanecer,
y la delicadeza del alma.

KARMELICKA
(CALLE DE LOS CARMELITAS)

La calle de los Carmelitas, un tranvía azul, sol,
septiembre, primer día después de las vacaciones,
algunos volvieron de largas travesías,
divisiones acorazadas entran en Polonia,
los niños van a la escuela con ropa bonita,
blanca y azul marino como las velas y el mar,
como la memoria y la inspiración y las vides.
Los árboles se enderezan con respeto
ante el poder de la mente joven, que aún
no ha conocido el fuego ni el sueño, pero
si se lo propone no va a tener dificultades
(sin contar las fronteras invisibles).

Los árboles saludan a la juventud con respeto,
pero tú, di la verdad, tienes envidia
de este inicio, de este salir de casa,
de la infancia, de la dulce oscuridad
con sabor a almendras, a pasas, a adormidera.
Vas a la tienda a buscar pan
y después vuelves a casa, sin prisa,

silbando y tarareando frívolamente;
tu escuela no ha empezado aún,
se fueron ya los profesores, se quedaron los
    maestros,
tu sueño surca el cielo entre las nubes,
distante como el verano.

DŁOUGA (LARGA)

Calle desagradecida, pequeñas mercerías igual que
postes de vigilancia del helado ejército napoleónico;
los ojos de los campesinos fijos en los escaparates
y el reflejo de sus caras fijado largo tiempo en coches
polvorientos; la calle Larga se dirige lenta
en dirección a las afueras, mientras que las
afueras planean ir hacia el centro.
Tranvías muy pesados surcan esta calle,
la decoran perfumerías sin ningún olor,
y barro en vez de maná después de la lluvia;
calle de bicicletas chirriantes, de enanos y gigantes,
calle de pequeñas ciudades agolpadas
en una habitación, durmiendo tras la comida
con las cabezas en el manchado mantel,
y de clérigos enredados en largas sotanas;
es la calle más fea, aquí crece el carbón otoñal,
y en agosto el aburrimiento de los blancos veranos.

Aquí pasaste tus primeros años
en esta ciudad renacentista, orgullosa,
de aquí ibas a las clases y a los ejercicios militares

con un gabán militar demasiado largo,
y ahora te preguntas si eres capaz
de volver a la exaltación de aquellos años,
si eres capaz aún de no saber nada
y desear con tanta fuerza y esperar
así, y dormirte suavemente y despertarte
con tanta habilidad para no ahuyentar
el último sueño a pesar de la oscuridad
de un amanecer en diciembre.

Calle Larga como la paciencia.
Calle larga como la huida de un incendio,
como una ilusión que no termina
nunca.

MAÑANA

Es una mañana de domingo, el viento limpió las
mentes,
calles vacías como la regla de una orden ascética.
Duermen aún los jóvenes en blancas tiendas de
campaña,
sólo los mayores se encaminan hacia la capilla.
Ardiendo con un fuego amarillo un ginkgo otoñal
que conservó todas sus hojas
anuncia que ha llegado el momento.
El domingo por la mañana sobre tejados de casas y
palacios
conversan las serias campanas
y ríen los campaniles; dominicanos
y mostenses intercambian telegramas.
Los monumentos de Planty, fundidos en bronce,
quisieran seguramente volver a una piel normal,
al cuerpo, al dolor de cabeza, pero la eternidad
obliga.

¿Recuerdas?, en este lugar reñimos
y te busqué largo tiempo en el laberinto de la tarde;

yo con un libro en el bolsillo, tú con un vestido
veraniego
(el libro, no leído, pero el vestido se abría
como las tapas de un tratado neoplatónico).
Tadeusz Zelenski-Boy, de bronce, me mira, en sus
ojos
Está grabada la imagen de un pelotón de
fusilamiento,
esa obra maestra de la arquitectura prusiana.
El viento lavó las calles y las mentes, el viento lavó el
sol.
No lejos de aquí murió Georg Trakl,
lo mató el éxtasis o la desesperación.
Y en este banco una vez nos sentamos por la noche
e intentamos oír el océano.
Había luna llena, las estrellas corrían en silencio.

Llegó el momento en que, tras largas negociaciones,
interrumpidas y vueltas a reemprender, y
abandonadas,
el pasado, seco y sabio como algunos pergaminos,
decidió conciliarse con la trivialidad del día,
con la improvisación de esa mañana, con su húmedo
aliento,

con la humedad de mis pensamientos, con mi
ansiedad,
y una delegación de difuntos (poetas, y vigilantes
nocturnos,
experimentados en investigar la oscuridad, y las
comadronas
que veían cómo se abrían los cuerpos)
se reconcilió para dejar paso al supremo instante,
en silencio, en una mañana de domingo, cuando
arden
tranquilos los árboles, fue una reconciliación
condicional
para que yo renaciera y entendiera que el momento
había llegado. Y en breve desaparece.

ARCO IRIS

He vuelto a la calle Larga con su oscura aureola
de suciedad de museo, y a la de los Carmelitas,
donde los borrachos de amoratadas caras esperan
al fin del mundo en un delirium tremens,
como los anacoretas de Antioquía, y donde
los tranvías eléctricos tiemblan por exceso
de tiempo, a mi juventud que no quería
esperarme y se apagó, se mató con un largo
ayuno y una vigilia intensa, he vuelto
a las negras callejuelas, a las librerías de viejo
donde se acumulaban libros olvidados,
a la conspiración en la que se escondía
la cordialidad y la traición, a la pereza,
a la lectura, al aburrimiento, a la nada, al té,
a la muerte que se llevó a muchos y nunca
devolvió a nadie, he vuelto
a Kazimierz, un barrio-desierto,
donde incluso el luto ya no aparece,
a la ciudad de la lluvia, las ratas y la basura,
a la infancia que se ha evaporado cual
 charco teñido con un arco iris de gasolina,

a la universidad que intenta con torpeza
seducir a otra generación inocente,
a la ciudad que ahora vende
sus paredes, pues ya hace tiempo que
vendió su honor y fidelidad, a la ciudad
que quiero con un amor sospechoso,
a la ciudad a la que no puedo ofrecer nada
aparte de lo que he olvidado y lo que recuerdo,
aparte de un poema, aparte de la vida.

TADEUSZ KANTOR

Vestía de negro,
como un empleado de seguros
especialista en asuntos desesperados.
Me lo encontraba en la calle del Empleado,
corriendo siempre para coger el tranvía,
y en la Galería Krzysztofory, donde se empleó
largo tiempo, solemne, recibiendo detrás de la mesa
a otros artistas vestidos de negro.
Pensaba en él indiferente, casi con superioridad,
como alguien que todavía no ha conseguido nada
y condena la imperfección de las cosas ya existentes.
Pero un día, bastante más tarde,
vi *La clase muerta* y otras obras,
y enmudecí de horror y de entusiasmo,
vi la muerte sistemática,
la partida, vi cómo trabaja en nosotros
el tiempo, el tiempo cosido en la ropa y los harapos,
y en los rasgos de la cara que lentos se suavizan,
cómo trabaja el llanto y la risa, y el rechinar de dientes,
cómo trabaja el aburrimiento y la añoranza, cómo
podría

vivir en nosotros la oración si supiéramos aceptarla,
qué son en realidad las arrogantes marchas militares,
qué es la matanza, qué la sonrisa,
y qué son las guerras, visibles o no, abyectas o no,
qué significa ser judío, o alemán,
polaco, o quizá tan sólo persona,
por qué los viejos son niños,
y los niños habitan en cuerpos ancianos
en un piso alto sin ascensor e intentan
decirnos algo, anunciarlo, pero se esfuerzan
en vano, en vano ondean un pañuelo gris
que se asoma en un banco escolar con cortes de
navaja;
ya saben que las innumerables maneras de partir,
el pathos de la impotente sonrisa,
las incontables maneras de despedirse del mundo
son lo único que les queda, e incluso no oyen
que los sucios decorados cantan con ellos, cantan
tímidamente y tal vez suben al cielo.

STOLARSKA (CALLE DE LOS CARPINTEROS)

Una pequeña multitud ante el consulado
americano ondea como una medusa en el agua.
Por la acera avanza un joven dominicano
y los transeúntes se apartan piadosos.
Estoy otra vez en casa, silencioso como un budista.
Cuento los días de felicidad y preocupación,
los días en que te buscaba desesperadamente
y encontraba apenas una imagen, una metáfora,
los días de Kohélet y los días del Salmista.

Recuerdo el abrasante olor del brezo,
el de la resina en un bosque cerca del mar,
la oscuridad de una blanca capilla en Provenza,
donde sólo ardía el sol de las velas.
Recuerdo pequeñas olivas de Grecia,
las deslumbrantes vías en Westfalia
y un largo viaje para despedir a mamá,
en avión, donde ponían una comedia
y todos reían a carcajadas.

He vuelto a la ciudad de dulces postres,
del amargo chocolate y los bellos entierros
(aquí enterraron la semilla de los sueños),
a la ciudad de la memoria almidonada;
pero esta angustia, que impele a los errantes
y gira ruedas de bicicletas, molinos y relojes,
no me quiere abandonar, se esconde sin cesar
en mi corazón, como un desertor hambriento
en un vagón de circo abandonado.

MÚSICA EN EL COCHE

La música que escuchaba contigo
en casa o en el coche
o incluso durante un paseo
no siempre sonaba tan pura
como quisieran los afinadores de pianos;
a veces se inmiscuían voces
llenas de pánico, de dolor,
y entonces aquella música
era mucho más que música,
era nuestro vivir
y nuestro morir.

EL CINE POTENCIA

Para B. y W. Pszoniak

Algunos domingos eran blancos
como la arena de las playas bálticas.
Por la mañana se oían pasos
de algunos caminantes.
Las hojas de nuestros árboles callaban atentas.
Un cura gordo rezaba por aquellos
que no podían ir a la escuela.
El proyector traqueteaba embriagador en los cines,
y el polvo circulaba por la luz en diagonal.
Mientras, un cura delgado condenaba nuestra época
y apelaba a estrictos ejercicios místicos.
Algunas mujeres tenían pequeños vahídos.
La pantalla del cine Potencia podía acoger
cualquier película y cualquier imagen;
los indios se encontraban aquí como en casa,
pero los héroes soviéticos
tampoco podían quejarse.
Al acabar la sesión se hacía un silencio
tan profundo que la policía se inquietaba.
Pero por la tarde la ciudad dormía con la boca

abierta, como un niño en el cochecito.
Al atardecer a veces se levantaba viento
y en el crepúsculo la tormenta centelleaba
con un resplandor irreal, violeta.
A medianoche en el límpido cielo
volvía la frágil luna.
Parece que algunos domingos
Dios estaba cerca.

TARDE AVANZADA

El sol quedó atascado entre ramas de árboles,
el tiempo se detuvo en la vitrina del relojero.
Largas sombras de casas y chimeneas
yacían cansadas en la acera.

Enormes cuerpos de iglesias barrocas
casi gemelos de galeones españoles
se detuvieron por un momento en la bahía
aunque no echaron el ancla.

Las golondrinas quedaron inmóviles en los cielos,
los paseantes quedaron atascados, algo inseguros,
como pasajeros de un tren en medio del campo.
Los que se sentaban en butacas de mimbre

sorbían, más lentos que de costumbre, líquidos
violetas; los camareros, tiesos en la carrera,
como una inmóvil película muda. Un gato
rojizo se entumece, alguien lo lleva de la correa.

Y en un delirium tremens de éxtasis

todos miramos sólo hacia una parte:
allí donde crecía lenta la montaña de la noche,
allí donde lento crecía nuestro exterminio.

IGLESIAS DE FRANCIA

A Czesław Miłosz

Iglesias de Francia, más hospitalarias que sus
posadas
y sus poemas,
alzándose entre los viñedos como grandes racimos,
o en las colinas,
suavemente,
o hundidas en los valles, al fondo del verde mar,
en un seco
paisaje,
edificios abandonados, graneros desiertos
de piedra gris, entre casas grises, en medio de
aldeas
grises,
pero por dentro rosadas o blancas o decoradas con
el sol que se filtra
en los vitrales.
Pequeños templos románicos de siluetas fornidas,
como artesanos
modelados por su labor,
la invisible iglesia de Pascal, cosida en el lienzo,

y las esbeltas catedrales como garzas sobre
ciudades, visibles desde la autopista;
                                        la más bella en Chartres,
donde la piedra ahoga el deseo.
Los molinos cistercienses, removiendo al agua en
    arroyos de domingo,
                                    y sus estanques,
las sinagogas, hermanas mayores, tantas veces
traicionadas y saqueadas,
                                    discretas,
las ruinas de la abadía en Normandía, donde una
víbora negra disfruta
                                del calor entre los frambuesos,
un joven árbol creciendo en el tejado de una iglesia
    rural, un joven fresno
                                    que se hará monje,
la basílica en Vézelay, de Magdalena, rosa como la
    boca
            de las fresas silvestres.
La iglesia de Claudel, corpulenta, casi sin cuello,
    inspirada, a veces
                                llena de furia,
y la iglesia en Tournus, de cuyos arcos también los
    árabes tienen que estar

orgullosos;
cubiertos de musgo los muros de las modestas capillas, que olvidaron
sus nombres,
o la basílica fortificada en Albi, obra maestra del arte militar,
enfundada en una piel de dragón,
y en la plaza vendedores de frutos secos, de estampas y pasteles
de anís.
Pero al atardecer los vendedores desaparecen y sólo los muros y las ventanas,
ciegas como gatitos, se quedan,
y la noche inabarcable, y mucho silencio, y a veces la explosión de un cometa
al extinguirse.
Los capiteles románicos en los claustros, como esculpidos por niños
prodigio.
Los prados donde se encuentran los amantes.
El Jeremías pétreo en Moissac, de cara bondadosa.
La iglesia de Maurice, que aprendió mi lengua y vive en Varsovia,
con los más pobres.

Iglesias de Francia, oscuras vasijas donde yerra la
tímida llama
de una poderosa luz.

¿VALIÓ LA PENA?

¿Valió la pena esperar en los consulados
un momento de buen humor de la funcionaria,
y en la estación esperar el tren con retraso,
ver el Etna con su capucha japonesa,
y París al alba, cuando de la oscuridad emergían
las convencionales cariátides de Hausmann,
entrar en restaurantes baratos,
donde el ajo olía triunfal?
¿Valió la pena ir en metro
bajo tierra de no sé ya qué ciudad
y observar las sombras de mis antepasados,
volar con un pequeño avión sobre un terremoto
en Seattle como una libélula sobre un incendio,
o apenas respirar durante tres meses,
casi no existir, haciendo trémulas preguntas
olvidando la incomprensible acción de la clemencia,
leer en los periódicos sobre la traición, el asesinato?
¿Valió la pena pensar y recordar, sumirse
en el sueño más profundo, donde se prolongaban
grises pasillos, comprar negros libros,
anotar tan sólo imágenes sueltas

de un calidoscopio más rico que la catedral
de Sevilla, que no he visto?
¿Valió la pena partir y volver, valió la pena?
sí no sí no
no tachar nada.

ESTRELLA

Al cabo de los años he vuelto a ti,
gris y bella ciudad,
ciudad que no cambias,
sumergida en las aguas del pasado.

Ya no soy un estudiante
de filosofía, de poesía y de curiosidad,
ni un joven poeta que ha escrito
demasiados poemas

y ha errado por el laberinto
de calles estrechas y de ilusiones.
El señor de los relojes y las sombras
ha tocado mi frente con su mano,

pero me sigue guiando
una estrella la claridad
y sólo la claridad me puede
destruir o salvar.

LA POESÍA ES BÚSQUEDA DE RESPLANDOR

La poesía es búsqueda de resplandor.
La poesía es un camino real
que nos lleva hasta lo más lejos.
Buscamos resplandor en la hora gris,
al mediodía o en las chimeneas del alba,
incluso en el autobús, en noviembre,
cuando al lado dormita un viejo cura.

El camarero en el restaurante chino
estalla en llanto y nadie imagina por qué.
Quién sabe, quizás esto también es una búsqueda
que se parece a un instante a la orilla del mar,
cuando en el horizonte aparece un barco rapaz
y se detiene, paralizado largo tiempo.
Pero también, momentos de profunda alegría

e incontables momentos de angustia.
Déjame ver, por favor.
Déjame persistir, por favor.
Al atardecer cae una fría lluvia.

En las calles y avenidas de mi ciudad
en silencio y con fervor trabaja la oscuridad.
La poesía es búsqueda de resplandor

ESTA EDICIÓN, PRIMERA,
DE «ANTENAS», DE ADAM
ZAGAJEWSKI, SE TERMINÓ DE
IMPRIMIR EN CAPELLADES
EN EL MES DE MAYO
DEL AÑO 2007